Fern Green

SMOOTHIE
BOWLS

· Löffel für Löffel gesund ·

Fern Green

SMOOTHIE
BOWLS
· Löffel für Löffel gesund ·

Fotos von Beatriz De Costa

INHALT

VORWORT

Smoothies stehen schon seit einiger Zeit hoch im Kurs. Mittlerweile sind sie sogar so beliebt, dass sie allmählich das Müsli als Frühstücksklassiker ablösen. Der neueste Trend jedoch sind Smoothie Bowls. Die Smoothies zum Löffeln schmecken herrlich, sättigen lange und sind randvoll mit gesunden Nährstoffen. Je nachdem, welche Zutaten hineinwandern, eignen sie sich als Frühstück, als leichtes Mittagessen, als Snack nach dem Sport oder als gesundes Dessert.

Was ist eine Smoothie Bowl?

Ein Smoothie wird mit einem Strohhalm getrunken, eine Smoothie Bowl dagegen wird gelöffelt. Statt mit Getreideflocken und Milch füllt man sein Schälchen mit einem cremig-dicken Smoothie als nährstoffreiche Grundlage und gibt Früchte, Nüsse, Flocken, Samen und ein knuspriges Granola als Krönung obendrauf. Lecker!

Seine cremig-dicke Konsistenz bekommt der Smoothie durch tiefgefrorene Früchte oder einige Eiswürfel. Tiefgefrorene Bananen beispielsweise sind eine wunderbare Zutat für einen Smoothie zum Löffeln.

Smoothie Bowls kann man immer wieder neu erfinden, denn es gibt unendlich viele Möglichkeiten, die Zutaten zu kombinieren. Grenzen setzen dabei nur Ihre Fantasie – oder der Inhalt Ihres Kühlschranks. Probieren Sie die köstlichen Rezeptvorschläge auf den folgenden Seiten. Die bringen Sie garantiert auf den Geschmack und bestimmt auch auf eigene Ideen. So können Sie dann Ihre ganz persönlichen Smoothie Bowls zusammenstellen – und Langeweile beim Frühstück gehört für immer der Vergangenheit an.

DIE ZUTATEN

Wählen Sie für Ihre Smoothie Bowl Zutaten, die Sie gerne mögen und die Ihnen guttun. Wenn Sie gerade einen Energieschub brauchen, geben Sie frisches Obst, Granola und reichlich Nüsse oder Samen in Ihr Schälchen. Denn proteinreiche Lebensmittel sättigen besonders lange (s. S. 116). Wer es morgens üppig mag, mixt am besten cremiges Nussmus in seinen Smoothie und bestreut die Bowl noch mit Schokoflocken ... einfach unwiderstehlich!

Smoothie Bowls selbst zusammenstellen

Wählen Sie aus jeder Spalte mindestens eine Zutat. Die Zutaten beeinflussen die Konsistenz des Smoothies. Probieren Sie aus, wie cremig Sie ihn mögen. Auf jeden Fall sollte er so dick sein, dass die Toppings nicht darin versinken.

Gemüse	Früchte (am besten tiefgefroren)	Proteine	Superfoods	Flüssigkeit	Süße
Avocado (nicht zum Tiefkühlen geeignet)	Ananas	Chiasamen	Bienenpollen	Kokoswasser	Agavendicksaft
	Äpfel	Hanfsamen	Chiasamen	Pflanzenmilch	Ahornsirup
	Bananen	Nüsse	Kakaonibs	(Nuss, Reis, Soja, Hafer)	Datteln
Grünkohl	Birnen	Nussmus	Kokosnuss		Dattelsirup
Gurke	Drachenfrucht	Proteinpulver	Macapulver		Honig
Möhren	Erdbeeren		Matchapulver		Reissirup
Rote Bete	Grapefruits		(Grünteepulver)		
Salat	Heidelbeeren		Zimt		
Spinat	Himbeeren				
Staudensellerie	Kiwis				
	Limetten				
	Mango				
	Orangen				
	Papaya				
	Pfirsiche				
	Zitronen				

So wird der Smoothie cremig

Bestimmte Zutaten machen Ihren Smoothie besonders cremig und dick. Damit bildet er die perfekte Grundlage für die verschiedenen Toppings.

 Gefrorene Früchte – Sie sind der Geheimtipp für sämige, eiscremeartige Smoothie Bowls! Man bekommt sie zu moderaten Preisen in jedem Supermarkt. Weil sie nicht so rasch verderben wie frisches Obst, wird nichts verschwendet. Natürlich können Sie Obst auch selbst einfrieren: kleine Früchte im Ganzen, größere geschält und gewürfelt. Wenn Sie kein tiefgefrorenes Acaipüree finden, verwenden Sie stattdessen 1 EL Acaipulver, tiefgefrorene Beeren oder Heidelbeerpüree.

 Eis – Auch eine Handvoll Eiswürfel macht Smoothies cremig. Einfach mit den anderen Zutaten im Standmixer zerkleinern.

 Avocados – Sie enthalten wertvolle Proteine, gesunde Fette und verwandeln Smoothies aus Früchten oder Gemüse in wunderbare Cremes. Auch sie werden einfach mit den anderen Zutaten in den Standmixer gegeben.

 Nussmus – Proteinreiches Nussmus verzaubert Smoothies in ein extracremiges und fein-nussiges Geschmackserlebnis. Mixen Sie probeweise doch einmal 1 EL Cashewmus hinein.

 Haferflocken – Kernige Haferflocken werden über Nacht eingeweicht, zarte Flocken können gleich in den Mixer wandern. Beide machen den Smoothie sämig und sättigen lange.

 Proteinpulver – Die Pulverzubereitungen sind in verschiedenen Geschmacksrichtungen im Handel erhältlich. Auch damit werden Smoothies cremig.

 Entsteinte Datteln – Getrocknete Datteln verdicken Smoothies und süßen gleichzeitig. Wenn sie sehr trocken sind, einfach kurz in heißem Wasser einweichen.

Sesam-Quinoa-
Granola

Kokos-
Granola

Buchweizen-Granola

DIE TOPPINGS

Erst die Toppings machen aus dem Smoothie eine Smoothie Bowl. Selbst wenn Sie jeden Tag den gleichen Smoothie mixen, können Sie ihn mit verschiedenen Toppings immer wieder neu geschmacklich und optisch abwandeln.

Besonders köstlich schmeckt knuspriges Granola als Topping. Wir streuen das Röstmüsli in drei Varianten auf die Smoothie Bowls. Am besten rösten Sie gleich eine größere Menge für den Vorrat.

Buchweizen-Granola

Ergibt: etwa 500 g
Zubereitung: 10 Minuten
Rösten: 1 Stunde

170 g Haferflocken • 60 g Mandeln • 130 g Buchweizengrütze • 100 g Sonnenblumenkerne • 60 ml Kokosöl, zerlassen • 4 EL Honig • ¼ TL Salz • ½ TL gemahlener Zimt • Mark von ½ Vanilleschote • 120 g gemischte Trockenfrüchte, gehackt

Den Backofen auf 150 °C vorheizen, ein Backblech mit Backpapier belegen. Alle Zutaten (außer den Trockenfrüchten) mischen und gleichmäßig auf dem Blech verteilen. Im Ofen 1 Stunde rösten, nach 30 Minuten umrühren. Herausnehmen, die Trockenfrüchte untermischen und 30 Minuten ruhen lassen. Durchrühren, größere Stücke zerbröseln und ganz auskühlen lassen. In einer luftdicht schließenden Dose aufbewahren und innerhalb von 3 Wochen verbrauchen.

Kokos-Granola

Ergibt: etwa 500 g
Zubereitung: 10 Minuten
Rösten: 30 Minuten

170 g kernige Haferflocken • 50 g Kokosraspel • 75 g Mandeln, gehackt • 45 g Kürbiskerne • 1 TL gemahlener Zimt • ¼ TL Meersalz • 4 EL Kokosöl, zerlassen • 100 ml Ahornsirup • Mark von ½ Vanilleschote • 2 EL gehackte Datteln

Den Backofen auf 150 °C vorheizen, ein Backblech mit Backpapier belegen. Alle Zutaten mischen und gleichmäßig auf dem Blech verteilen. Im Ofen 30 Minuten rösten, dabei alle 10 Minuten umrühren. Herausnehmen und ganz auskühlen lassen. In einer luftdicht schließenden Dose aufbewahren und innerhalb von 4 Wochen verbrauchen.

Sesam-Quinoa-Granola

Ergibt: etwa 500 g
Zubereitung: 10 Minuten
Rösten: 30 Minuten

2 EL schwarzer Sesam • 500 g gekochte Quinoa • 150 g Mandeln, gehackt • 75 g Cashewkerne, gehackt • 60 g Leinsamen • 230 g Honig • 4 EL Kokosöl, zerlassen • Mark von ½ Vanilleschote • 1 Prise Meersalz

Den Backofen auf 150 °C vorheizen, ein Backblech mit Backpapier belegen. Alle Zutaten mischen und gleichmäßig auf dem Blech verteilen. Im Ofen 30 Minuten rösten, dabei alle 10 Minuten umrühren. Herausnehmen und ganz auskühlen lassen. In einer luftdicht schließenden Dose aufbewahren und innerhalb von 4 Wochen verbrauchen.

ENERGIE-SPENDER

Starten Sie mit einer farbenfrohen
Smoothie Bowl in den Tag.
Die Bowls in diesem Kapitel stecken
voller hochwertiger Nährstoffe und
liefern reichlich Energie für einen
rundum gelungenen Tag.

Morgenrot • Drachenfrucht-Bowl • Mandel-Kürbis
Gute-Laune-Schälchen • Kokos-Beeren-Bowl mit Lein
Ananas-Ingwer-Becher • Möhre-Kakao
Mango-Joghurt-Schale • Kirsche-Pflaume
Grünkohl-Beeren • Matcha-Minze • Grüner Joghurt
Super-Banana-Bowl • Würziger Kürbis
Blaue Bowl • Ingwer-Pfirsich

MORGENROT

Für 1 Person – Zubereitung: 10 Minuten

SMOOTHIE

120 ml ungesüßte Mandelmilch • 2 Handvoll junger Blattspinat
160 g tiefgefrorene Beerenmischung
1 tiefgefrorene Banane, in Scheiben geschnitten

TOPPINGS

½ Banane, in Scheiben geschnitten
2 EL Kokos-Granola (s. S. 11) • 1 EL Kokoschips, geröstet
2 EL frische Beeren • 1 EL gehackte Mandeln • 1 EL Chiasamen

Mandeln enthalten viel Kalzium, Magnesium und Phosphor. Das macht sie besonders wertvoll für Knochen und Zähne.

 *Vitaminreich* *Mineralstoffreich* *Proteinreich*

Für den Smoothie Mandelmilch, Spinat, Beeren und Banane in einem Standmixer cremig pürieren. In ein Schälchen füllen und Banane, Granola, Kokoschips, Beeren, Mandeln und Chiasamen darauf anrichten.

DRACHENFRUCHT-BOWL

Für 1 Person – Zubereitung: 10 Minuten

SMOOTHIE

2 tiefgefrorene Bananen, in Scheiben geschnitten • 1 Drachenfrucht, geschält und gewürfelt • 2 EL Kokosblütenzucker • 1 TL Kokosnussmus, geschmolzen

TOPPINGS

1 Scheibe Ananas, geschält und klein gewürfelt
½ Kiwi, geschält und in Scheiben geschnitten • 1 EL Heidelbeeren
1 EL geschälte Hanfsamen • 1 EL Bienenpollen • 1 EL gehackte Mandeln

Die exotische Drachenfrucht oder Pitahaya enthält neben Vitamin C
noch weitere Antioxidantien.

 **SI** *Stärkt das Immunsystem* **H** *Gut für die Haut* **BB** *Blutbildend*

Für den Smoothie Bananen, Drachenfrucht, Zucker, Kokosnussmus und
1 EL Wasser in einem Standmixer cremig pürieren. In ein Schälchen füllen
und Früchte, Hanfsamen, Pollen und Mandeln darauf anrichten.

MANDEL-KÜRBIS

Für 2 Personen – Zubereitung: 15 Minuten

SMOOTHIE

350 ml ungesüßte Mandelmilch • 3 Medjool-Datteln, entsteint
120 g Butternut-Kürbis, gegart und püriert
1 tiefgefrorene Banane, in Scheiben geschnitten • 1 EL Chiasamen
1 TL gemahlener Zimt • 2 EL Mandelmus
1 TL Vanilleextrakt oder Mark von ½ Vanilleschote

TOPPINGS

1 EL Kakaonibs • 1 EL gehackte Pekannusskerne • 1 EL Kürbiskerne
1 EL geschälte Hanfsamen • Ahornsirup (nach Belieben)

Butternut-Kürbis ist reich an Ballaststoffen. Damit unterstützt er eine geregelte Verdauung.

P Proteinreich   BB Blutbildend   SI Stärkt das Immunsystem

Für den Smoothie Mandelmilch, Datteln, Kürbis, Banane, Chiasamen, Zimt, Mandelmus und Vanille in einem Standmixer cremig pürieren.
In zwei Schälchen füllen und Kakaonibs, Nüsse, Kerne und Hanfsamen darauf anrichten. Nach Belieben noch mit Ahornsirup beträufeln.

GUTE-LAUNE-SCHÄLCHEN

Für 1 Person – Zubereitung: 10 Minuten

SMOOTHIE

120 ml ungesüßte Mandelmilch • 1 EL geschälte Hanfsamen
1 tiefgefrorene Banane, in Scheiben geschnitten • 80 g tiefgefrorene Beeren

TOPPINGS

2 EL gehackte rote Drachenfrucht • 2 EL Brombeerscheiben
1 EL gefriergetrocknete Himbeeren • 1 EL Granatapfelkerne
1 EL Bienenpollen • 1 EL Chiasamen • 1 EL Kürbiskerne
½ EL Matchapulver (Grünteepulver) • 1 EL Kokosraspel

Hanf- und Chiasamen enthalten Omega-3-Fettsäuren. Sie sind wichtig für die Gesundheit von Herz, Gehirn und Gelenken.

 **S** *Stärkend* **G** *Regt die Gehirntätigkeit an* **H** *Gut für die Haut*

Für den Smoothie Mandelmilch, Hanfsamen, Banane und Beeren in einem Standmixer cremig pürieren. In ein Schälchen füllen und Früchte, Pollen, Chiasamen, Kürbiskerne, Matcha und Kokosraspel darauf anrichten.

KOKOS-BEEREN-BOWL MIT LEIN

Für 2 Personen – Zubereitung: 10 Minuten

SMOOTHIE

150 ml ungesüßtes Kokoswasser • 60 ml ungesüßte Kokosmilch
1 tiefgefrorene Banane, in Scheiben geschnitten
75 g tiefgefrorene Mangostücke • 150 g Himbeeren • 1 EL Honig
½ Avocado • 2 EL geschrotete Leinsamen
2 EL Haferflocken • 3 TL Chiasamen

TOPPINGS

3–4 Erdbeeren, in Scheiben geschnitten • 2 EL Himbeeren
4 EL Buchweizen-Granola (s. S. 11) • 2 EL Kokosraspel, geröstet

Leinsamen sind reich an Proteinen und Ballaststoffen. Sie sorgen für ein anhaltendes Sättigungsgefühl.

G *Regt die Gehirntätigkeit an*   **V** *Vitaminreich*   **EH** *Entzündungshemmend*

Für den Smoothie Kokoswasser und -milch, Früchte, Honig, Avocado, Leinsamen, Haferflocken und Chiasamen in einem Standmixer cremig pürieren. In zwei Schälchen füllen und Beeren, Granola und Kokosraspel darauf anrichten.

ANANAS-INGWER-BECHER

Für 1 Person – Zubereitung: 5 Minuten

SMOOTHIE

150 ml ungesüßte Kokosmilch • 1 Handvoll junger Blattspinat
120 g tiefgefrorene Ananas, gewürfelt • 1 TL in Scheiben geschnittener
Ingwer • 1 TL Matchapulver (Grünteepulver)
½ EL geschälte Hanfsamen • 1 Eiswürfel

TOPPINGS

½ Kiwi, geschält und in Scheiben geschnitten • 1 EL Granatapfelkerne
1 EL geschälte Hanfsamen • 2–3 EL Cashewmus, aufgeschlagen
1 EL Kokos-Granola (s. S. 11)

Ingwer ist ein wirksames Mittel gegen Übelkeit. Zudem unterstützt er
den Körper dabei, entzündliche Prozesse zu bekämpfen.

V *Vitaminreich*   **BB** *Blutbildend*   **G** *Regt die Gehirntätigkeit an*

Für den Smoothie alle Zutaten in einem Standmixer
cremig pürieren. Abwechselnd mit Früchten, Hanfsamen und
Cashewmus in ein Glas schichten. Mit dem Kokos-Granola bestreuen.

MÖHRE-KAKAO

Für 1–2 Personen – Zubereitung: 10 Minuten

SMOOTHIE

180 ml ungesüßte Pflanzenmilch (Nuss, Reis, Soja oder Hafer)
2 EL Proteinpulver Vanille • 1 große Möhre, in Stücke geschnitten
1 tiefgefrorene Banane, in Scheiben geschnitten
½ TL gemahlener Zimt • ¼ TL gemahlener Ingwer
1 TL Macapulver • 2 Eiswürfel

TOPPINGS

½ Banane, in Scheiben geschnitten • 1 Medjool-Dattel, entsteint und gehackt
1 getrocknete Feige, gehackt • 1 EL Kokosraspel • 1 EL Kakaonibs

Möhren enthalten viel Retinol, besser bekannt als Vitamin A. Dieses Vitamin stärkt besonders die Gesundheit der Augen.

G *Regt die Gehirntätigkeit an*   **SK** *Stärkt die Knochen*   **V** *Vitaminreich*

Für den Smoothie alle Zutaten in einem Standmixer cremig pürieren. In Schälchen füllen und Früchte, Kokosraspel und Kakaonibs darauf anrichten.

MANGO-JOGHURT-SCHALE

Für 2 Personen – Zubereitung: 10 Minuten

SMOOTHIE

225 ml ungesüßte Mandelmilch • 125 g Joghurt
1 tiefgefrorene Banane, in Scheiben geschnitten
75 g tiefgefrorene Mangostücke • 3 EL geschälte Hanfsamen
1 EL Macapulver • 1 TL frisch geriebener Ingwer • 1 EL Zitronensaft

TOPPINGS

1 Banane, in Scheiben geschnitten
½ Mango, geschält und in kleine Würfel geschnitten
1 EL Gojibeeren • 1 EL frisches geraspeltes Kokosnussfleisch
1 EL Bienenpollen • 1 EL gehackte Mandeln

Mango enthält Betakarotin, Vitamin C und Kalium. Diese Tropenfrucht wird aber besonders wegen ihrer blutreinigenden Wirkung geschätzt.

BB *Blutbildend*   **G** *Regt die Gehirntätigkeit an*   **V** *Vitaminreich*

Für den Smoothie Mandelmilch, Joghurt, Früchte, Hanfsamen, Macapulver, Ingwer und Zitronensaft in einem Standmixer cremig pürieren. In zwei Schälchen füllen und Früchte, Gojibeeren, Kokosnuss, Pollen und Mandeln darauf anrichten.

KIRSCHE-PFLAUME

Für 1 Person – Zubereitung: 10 Minuten

SMOOTHIE

180 ml ungesüßtes Kokoswasser • 280 g tiefgefrorene, entsteinte Kirschen
1 tiefgefrorene Banane, in Scheiben geschnitten
4 EL Proteinpulver Vanille

TOPPINGS

1 Pflaume, entsteint und in Spalten geschnitten
1 EL Kakaonibs • 1 EL gehackte Mandeln • 2 EL Kokosraspel

Kirschen enthalten Antioxidantien. Sie wirken stimmungsaufhellend und können Nervosität und Depressionen lindern.

Ⓜ *Mineralstoffreich* Ⓢ *Stärkt das Immunsystem* Ⓖ *Regt die Gehirntätigkeit an*

Für den Smoothie Kokoswasser, Kirschen, Banane und Proteinpulver in einem Standmixer cremig pürieren. In ein Schälchen füllen, die Pflaume darauf anrichten und mit Kakaonibs, Mandeln und Kokosraspeln bestreuen.

GRÜNKOHL-BEEREN

Für 2 Personen – Zubereitung: 10 Minuten

SMOOTHIE

130 g junger Grünkohl, gehackt • 1 EL Chiasamen
225 ml ungesüßte Mandelmilch • 240 g gefrorene Beerenmischung
½ gefrorene Banane, in Scheiben geschnitten • 1 TL Agavendicksaft

TOPPINGS

½ Banane, in Scheiben geschnitten • 2 EL Heidelbeeren
2–3 Erdbeeren, in Scheiben geschnitten • 1 TL Chiasamen
2 TL gehackte Mandeln • 2 EL Kokoschips, geröstet • 2 EL Kokos-Granola (s. S. 11)

Grünkohl enthält reichlich Ballaststoffe. Sie regulieren den Cholesterinspiegel, regen die Verdauung an und sorgen für eine gesunde Leber.

P *Proteinreich* **V** *Vitaminreich* **EH** *Entzündungshemmend*

Für den Smoothie alle Zutaten in einem Standmixer cremig pürieren. In zwei Schälchen füllen und die Toppings darauf anrichten.

MATCHA-MINZE

Für 2–3 Personen – Zubereitung: 10 Minuten, plus 1 Stunde Quellen

SMOOTHIE

100 g Cashewkerne • 600 ml ungesüßte Mandelmilch
3 tiefgefrorene Bananen, in Scheiben geschnitten
1 Handvoll junger Blattspinat • 2 Handvoll junger Grünkohl
3 Stängel Minze • 3 TL Matchapulver (Grünteepulver)
1 EL Kakaonibs • 1 TL Ahornsirup

TOPPINGS

2 EL gepuffte Quinoa • 1 EL Kokosraspel, geröstet
1 EL Kakaonibs • 1 EL gehackte Pistazienkerne
1 EL geschälte Hanfsamen • einige Minzeblätter

Matchapulver regt die Körperfunktionen an und kann die Fettverbrennung
bei sportlicher Betätigung steigern.

Ⓟ *Proteinreich*　Ⓥ *Vitaminreich*　Ⓢ *Stärkend*

Für den Smoothie die Cashewkerne 1 Stunde in Wasser quellen lassen.
Danach mit den restlichen Zutaten in einem Standmixer cremig pürieren.
In Schälchen füllen und die Toppings darauf anrichten.

GRÜNER JOGHURT

Für 1–2 Personen – Zubereitung: 10 Minuten

SMOOTHIE

1 Handvoll junger Blattspinat • 250 g Joghurt
2 Kiwis, geschält • 1 tiefgefrorene Banane, in Scheiben geschnitten

TOPPINGS

1 Kiwi, geschält und in Scheiben geschnitten • 2 EL Chiasamen
4 EL Kokos-Granola (s. S. 11) • 2 EL Kokoschips, geröstet
1 EL gehackte Pistazienkerne

Joghurt ist reich an Kalzium. Mit seinen probiotischen
Milchsäurebakterien unterstützt er die Verdauung.

 **V** *Vitaminreich* **P** *Proteinreich* **SK** *Stärkt die Knochen*

Für den Smoothie Spinat, Joghurt, Kiwis und Banane in einem Standmixer
cremig pürieren. In Schälchen füllen und Kiwi, Chiasamen, Granola,
Kokoschips und Pistazien darauf anrichten.

SUPER-BANANA-BOWL

Für 1 Person – Zubereitung: 10 Minuten

SMOOTHIE

60 ml ungesüßte Kokosmilch
1 ½ tiefgefrorene Bananen, in Scheiben geschnitten
1 EL Macapulver • 1 EL Kakaopulver • 1 TL Ahornsirup
einige Tropfen Vanilleextrakt oder 1 Msp. Vanillemark

TOPPINGS

1 Banane, in Scheiben geschnitten • 1 TL geschälte Hanfsamen
1 TL Chiasamen • 1 EL Kokosraspel, geröstet
1 EL Bienenpollen • 1 EL Kakaonibs

Macapulver steckt voller Nährstoffe. Es kann die Ausdauer beim Sport verbessern und die Libido steigern.

 Reguliert den Hormonhaushalt   *Stärkt das Immunsystem*   *SK Stärkt die Knochen*

Für den Smoothie Kokosmilch, Bananen, Macapulver, Kakao, Sirup und Vanille in einem Standmixer cremig pürieren. In ein Schälchen füllen und Banane, Samen, Kokosraspel, Pollen und Kakaonibs darauf anrichten.

WÜRZIGER KÜRBIS

Für 1–2 Personen – Zubereitung: 10 Minuten

SMOOTHIE

230 ml ungesüßte Mandelmilch • 125 g Joghurt
220 g Kürbispüree (aus Packung oder Dose)
1 tiefgefrorene Banane, in Scheiben geschnitten
1 EL Chiasamen • 1 Prise gemahlener Ingwer
1 Prise gemahlener Zimt • 1 Prise gemahlene Nelken • 1 Prise Salz

TOPPINGS

1 EL Kokosraspel • 1 EL gehackte Datteln
1 EL gehackte Mandeln • 1 EL Kokos-Granola (s. S. 11)
1 TL gemahlene Kurkuma

Kürbis enthält Ballaststoffe, gesunde Fette und Betakarotin. Er tut Haut
und Augen gut und stärkt das Immunsystem.

EH *Entzündungshemmend* **V** *Vitaminreich* **P** *Proteinreich*

Für den Smoothie Mandelmilch, Joghurt, Kürbis, Banane, Chiasamen und
Gewürze in einem Standmixer cremig pürieren. In Schälchen füllen und
Kokosraspel, Datteln, Mandeln und Granola darauf anrichten.
Mit Kurkuma bestreut servieren.

BLAUE BOWL

Für 1 Person – Zubereitung: 5 Minuten

SMOOTHIE

120 ml ungesüßte Pflanzenmilch (Nuss, Reis, Soja oder Hafer)
1 tiefgefrorene Banane, in Scheiben geschnitten
85 g tiefgefrorene Heidelbeeren • 1 EL Erdnussmus

TOPPINGS

1 TL Gojibeeren • 1 EL Heidelbeeren
1 TL Chiasamen • 1 EL grob gehackte Walnusskerne
1 EL Kakaonibs • 1 EL Kokosraspel, geröstet

Die Antioxidantien der Heidelbeeren tun vor allem reifer Haut gut.
Die Beeren enthalten auch Vitamin C, das die Kollagen- und
Elastinbildung unterstützt.

(**H**) *Gut für die Haut* (**G**) *Regt die Gehirntätigkeit an* (**EH**) *Entzündungshemmend*

Für den Smoothie Pflanzenmilch, Banane, Beeren und Erdnussmus in einem
Standmixer cremig pürieren. In ein Schälchen füllen und Beeren, Chiasamen,
Nüsse, Kakaonibs und Kokosraspel darauf anrichten.

INGWER-PFIRSICH

Für 2 Personen – Zubereitung: 10 Minuten

SMOOTHIE

120 ml ungesüßte Mandelmilch • 250 g tiefgefrorene Pfirsichstücke
1 tiefgefrorene Banane, in Scheiben geschnitten • 1 TL Honig
1 EL Cashewmus • ½ TL frisch geriebener Ingwer • ½ TL gemahlener Zimt

TOPPINGS

2 Feigen, in Scheiben geschnitten
1 Pfirsich, entsteint und in Spalten geschnitten
1 EL gehackte Pistazienkerne • 2 EL Sesam-Quinoa-Granola (s. S. 11)

Pfirsiche enthalten viele verschiedene Mineralstoffe. Dazu gehört auch Kalium, das den Blutdruck reguliert.

V *Vitaminreich*   **SI** *Stärkt das Immunsystem*   **EH** *Entzündungshemmend*

Für den Smoothie alle Zutaten in einem Standmixer cremig pürieren. In zwei Schälchen füllen und Früchte, Pistazien und Granola darauf anrichten.

FÜR DAS IMMUNSYSTEM

Fühlen Sie sich abgespannt, oder bahnt sich gerade eine Erkältung an? Dann mixen Sie sich schnell eine der folgenden Smoothie Bowls. Die bringt Ihr Immunsystem auf Touren und macht Sie garantiert schnell wieder fit.

Lila Chia-Bowl • Popeyes Liebling
Brasilianische Beeren-Bowl • Heidelbeere-Hafer
Vegane Brombeer-Bowl • Frische Limette
Beerenschale mit Chia • Orange Wonne
Grüner Pfirsich • Mango-Erdbeer-Bowl • Kürbis-Papaya
Samtiger Sesam-Kakao • Erdbeerpower
Kurkuma-Kick • Grüne Mango-Bowl

LILA CHIA-BOWL

Für 1 Person – Zubereitung: 10 Minuten

SMOOTHIE

125 g tiefgefrorene Heidelbeeren • 125 g tiefgefrorene Brombeeren
1 tiefgefrorene Banane, in Scheiben geschnitten
1 EL Acaipulver • 1 EL Hanf-Proteinpulver
1 EL Chiasamen • 1 EL Mandelmus

TOPPINGS

1 EL Kokosjoghurt
1 EL Kürbiskerne • 1 EL Kakaonibs • 1 EL Kokosraspel
1 EL Heidelbeeren • 1 EL Brombeeren

Chiasamen enthalten viele Omega-3-Fettsäuren. Sie sind für die reibungslose
Funktion des Gehirns von großer Bedeutung.

 **V** *Vitaminreich* **H** *Gut für die Haut* **EH** *Entzündungshemmend*

Für den Smoothie Beeren, Banane, Acai- und Proteinpulver, Chiasamen,
Mandelmus und 200 ml gefiltertes Wasser in einem Standmixer cremig
pürieren. In ein Schälchen füllen und den Joghurt daraufgeben.
Mit Kürbiskernen, Kakaonibs, Kokosraspeln und Beeren bestreuen.

POPEYES LIEBLING

Für 1–2 Personen – Zubereitung: 10 Minuten

SMOOTHIE

2 Handvoll junger Blattspinat • 1 Apfel, geschält, entkernt und grob gehackt
1 Handvoll tiefgefrorene, kernlose grüne Weintrauben
170 g tiefgefrorene Heidelbeeren

TOPPINGS

60 g frische Heidelbeeren
2 EL gepuffter Naturreis • 1 EL geschrotete Leinsamen
2 EL gehackte Mandeln • 2 EL Kürbiskerne • 1 EL Granatapfelkerne

Spinat regt die Verdauung an und hält Haut und Knochen gesund.

Für den Smoothie Spinat, Früchte und 150 ml gefiltertes Wasser in einem
Standmixer cremig pürieren. In Schälchen füllen und Beeren, Reis,
Leinsamen, Mandeln, Kürbis- und Granatapfelkerne darauf anrichten.

BRASILIANISCHE BEEREN-BOWL

Für 1 Person – Zubereitung: 10 Minuten, plus 20 Minuten Quellen

SMOOTHIE

2 EL Chiasamen • 115 ml ungesüßte Kokosmilch
2 Handvoll junger Blattspinat • 100 g tiefgefrorenes Bio-Acaipüree
(ersatzweise tiefgefrorene Beeren oder Heidelbeerpüree)
1 tiefgefrorene Banane, in Scheiben geschnitten
1 Prise gemahlener Zimt

TOPPINGS

½ Banane, in Scheiben geschnitten • 1 EL Granatapfelkerne
1 EL Kakaonibs • 1 EL Kürbiskerne • 1 EL gehackte Haselnusskerne

Acai-Beeren sind reich an Vitamin A, B, C und E. Zudem enthalten die Beeren noch Mineralstoffe wie Selen und Zink.

P *Proteinreich*　**M** *Mineralstoffreich*　**SK** *Stärkt die Knochen*

Für den Smoothie die Chiasamen 20 Minuten in der Kokosmilch quellen lassen. Danach mit Spinat, Acaipüree, Banane und Zimt in einem Standmixer cremig pürieren. In ein Schälchen füllen und Banane, Granatapfelkerne, Kakaonibs, Kürbiskerne und Nüsse darauf anrichten.

HEIDELBEERE-HAFER

Für 1 Person – Zubereitung: 10 Minuten

SMOOTHIE

230 ml ungesüßte Mandelmilch oder Kefir • 340 g Heidelbeeren
1 TL Vanilleextrakt oder Mark von ½ Vanilleschote
1 tiefgefrorene Banane, in Scheiben geschnitten
150 g Haferflocken • 1 TL Ahornsirup

TOPPINGS

1 TL Gojibeeren • 1 EL Mandelblättchen
1 EL Kokoschips, geröstet
1 EL geschälte Hanfsamen • 1 EL Chiasamen

Hanfsamen enthalten leicht verdauliche Proteine. Diese versorgen Sie den ganzen Tag über mit Energie.

 Mineralstoffreich 　S　 Stärkend 　P　 Proteinreich

Für den Smoothie Mandelmilch, Beeren, Vanille, Banane, Haferflocken und Sirup in einem Standmixer cremig pürieren. In ein Schälchen füllen und Beeren, Mandeln, Kokoschips, Hanf- und Chiasamen darauf anrichten.

VEGANE BROMBEER-BOWL

Für 1 Person – Zubereitung: 10 Minuten

SMOOTHIE

225 ml ungesüßte Kokosmilch • 1 Handvoll junger Blattspinat
1 tiefgefrorene Banane • 150 g frische oder tiefgefrorene Brombeeren

TOPPINGS

2 TL Chiasamen • 2 TL Kürbiskerne
2 EL Kokoschips, geröstet • 1 EL Brombeeren

In den dunklen Brombeeren stecken viele Bioflavonoide und
reichlich Vitamin C.

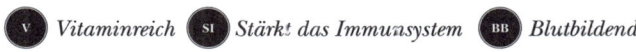

V Vitaminreich   SI Stärkt das Immunsystem   BB Blutbildend

Für den Smoothie Kokosmilch, Spinat und Banane in einem Standmixer
cremig pürieren. Die Brombeeren zugeben und nochmals durchmixen. In ein
Schälchen füllen und Samen, Kerne, Kokos und Beeren darauf anrichten.

FRISCHE LIMETTE

Für 1 Person – Zubereitung: 10 Minuten

SMOOTHIE

125 ml ungesüßtes Kokoswasser • 1 Handvoll junger Blattspinat
1 große tiefgefrorene Banane, in Scheiben geschnitten
3 EL Avocadofruchtfleisch • 2 TL abgeriebene Bio-Limettenschale
1 ½ EL frisch gepresster Limettensaft
1 TL Ahornsirup • ½ TL Matchapulver (Grünteepulver)

TOPPINGS

¼ Mango, geschält und in kleine Würfel geschnitten
½ Banane, in Scheiben geschnitten
1 EL Kokos-Granola (s. S. 11) • 1 EL Kokoschips, geröstet
1 EL geschälte Hanfsamen

Limetten wirken basenbildend und enthalten bemerkenswert viel Vitamin C.
Sie fördern die Ausscheidung von Giftstoffen.

P *Proteinreich* **V** *Vitaminreich* **H** *Gut für die Haut*

Für den Smoothie Kokoswasser, Spinat, Banane, Avocado, Limettenschale
und -saft, Sirup und Matchapulver in einem Standmixer cremig pürieren. In
ein Schälchen füllen, die Früchte darauf anrichten und mit Granola,
Kokoschips und Hanfsamen bestreuen.

BEERENSCHALE MIT CHIA

Für 2 Personen – Zubereitung: 10 Minuten

SMOOTHIE

120 ml ungesüßte Kokosmilch • Saft von ½ Zitrone
1 tiefgefrorene Banane, in Stücke geschnitten
160 g tiefgefrorene Beerenmischung

TOPPINGS

2 EL Himbeeren • 2 EL Heidelbeeren
2 EL Kokoschips, geröstet
2 TL Chiasamen • 2 TL geröstete Sesamsamen

Himbeeren enthalten viel Vitamin C, Betakarotin und Mineralstoffe wie Kalium, Kalzium und Magnesium. Damit können sie Erschöpfungszustände und Depressionen lindern.

Vitaminreich   *Stimmungsaufhellend*   *Fördert die Verdauung*

Für den Smoothie Kokosmilch, Zitronensaft, Früchte und 125 ml gefiltertes Wasser in einem Standmixer cremig pürieren. In zwei Schälchen füllen und Beeren, Kokoschips, Chia- und Sesamsamen darauf anrichten.

ORANGE WONNE

Für 2 Personen – Zubereitung: 10 Minuten

SMOOTHIE

160 ml ungesüßte Kokosmilch • 75 g tiefgefrorene Mangostücke
1 Orange, geschält und in Stücke geschnitten • 1 TL Kokosnussmus
1 TL frisch geriebener Ingwer • ½ TL frisch geriebene Kurkuma

TOPPINGS

½ Mango, geschält und in Spalten geschnitten
½ Orange, geschält und in Scheiben geschnitten
1 EL gehackte Mandeln • 1 EL geschrotete Leinsamen
1 TL Kokoschips, geröstet • 1 TL gemahlene Kurkuma

Orangen sind reich an Vitamin C. Es schützt vor vielen verschiedenen Krankheiten, von der Erkältung bis zum Herzleiden.

 **M** *Mineralstoffreich* **V** *Vitaminreich* **EH** *Entzündungshemmend*

Für den Smoothie alle Zutaten in einem Standmixer cremig pürieren. Das Püree abwechselnd mit Orangen- und Mangostücken und der Hälfte von Mandeln und Leinsamen in ein Glas schichten. Mit den übrigen Mandeln und Leinsamen, Kokosflocken und Kurkuma bestreuen.

GRÜNER PFIRSICH

Für 2 Personen – Zubereitung: 10 Minuten

SMOOTHIE

125 ml ungesüßte Kokosmilch • 500 g tiefgefrorene Pfirsichstücke
1 tiefgefrorene Banane, in Scheiben geschnitten • ½ kleine Avocado
1 Handvoll junger Blattspinat • 2 Medjool-Datteln, entsteint
1 Stück Ingwer (2,5 cm), geschält • 2 EL Chiasamen
1 TL Chlorella-Pulver (nach Belieben)

TOPPINGS

1 Banane, in Scheiben geschnitten • 2 EL Himbeeren • 1 EL Kokoschips
1 EL geschälte Hanfsamen • 1 Prise gemahlener Zimt

Die Süßwasseralge Chlorella besitzt viel Chlorophyll. Als Nahrungsergänzungsmittel trägt sie zur Stärkung des Immunsystems bei.

V *Vitaminreich*   **FV** *Fördert die Verdauung*   **BB** *Blutbildend*

Für den Smoothie Kokomilch, Pfirsiche, Banane, Avocado, Spinat, Datteln, Ingwer, Chiasamen und Chlorella in einem Standmixer cremig pürieren. In zwei Schälchen füllen und Früchte, Kokoschips und Hanfsamen darauf anrichten. Mit Zimt bestreut servieren.

MANGO-ERDBEER-BOWL

Für 1 Person – Zubereitung: 10 Minuten

SMOOTHIE

125 ml ungesüßte Pflanzenmilch (Nuss, Reis, Soja oder Hafer)
150 g tiefgefrorene Mangostücke
75 g tiefgefrorene Erdbeeren • 75 g tiefgefrorene Himbeeren
60 g Joghurt • 3 EL Proteinpulver Vanille

TOPPINGS

3 Erdbeeren, in Scheiben geschnitten
1 EL gemahlene Leinsamen • 1 EL Chiasamen
1 EL Kokos-Granola (s. S.11) • 1 EL Kokosraspel • 1 EL Gojibeeren

Erdbeeren enthalten neben Vitamin C und K auch wertvolle Ballaststoffe,
die den Blutzuckerspiegel regulieren.

 **V** *Vitaminreich* **G** *Regt die Gehirntätigkeit an* **S** *Stärkend*

Für den Smoothie Pflanzenmilch, Früchte, Joghurt und Proteinpulver in einem
Standmixer cremig pürieren. In ein Schälchen füllen und Erdbeeren, Lein-
und Chiasamen, Granola, Kokosraspel und Gojibeeren darauf anrichten.

KÜRBIS-PAPAYA

Für 2–3 Personen – Zubereitung: 10 Minuten

SMOOTHIE

225 ml ungesüßte Mandelmilch
110 g Kürbispüree (aus Packung oder Dose) • 70 g Papaya
100 g tiefgefrorenes Bio-Acaipüree (ersatzweise tiefgefrorene Beeren oder
Heidelbeerpüree) • 1 tiefgefrorene Banane, in Scheiben geschnitten
1 EL Macapulver • 1 TL gemahlener Zimt • 1–2 Eiswürfel

TOPPINGS

¼ Papaya, geschält und in Scheiben geschnitten
1 EL Gojibeeren • 1 EL Granatapfelkerne
2 EL gehackte Cashewkerne, geröstet • 1–2 TL Cashewmus

Papaya hat einen außergewöhnlich positiven Einfluss auf die Verdauung.
Außerdem beugt die Tropenfrucht vorzeitiger Hautalterung vor.

EH *Entzündungshemmend*   FV *Fördert die Verdauung*   P *Proteinreich*

Für den Smoothie Mandelmilch, Kürbispüree, Papaya, Acaipüree, Banane,
Maca, Zimt und Eiswürfel in einem Standmixer cremig pürieren. In Schälchen
füllen und Papaya, Beeren, Kerne und Cashewmus darauf anrichten.

SAMTIGER SESAM-KAKAO

Für 1 Person – Zubereitung: 10 Minuten

SMOOTHIE

175 ml ungesüßte Mandelmilch • 2 EL Tahin (Sesammus)
1 tiefgefrorene Banane, in Scheiben geschnitten
3 Medjool-Datteln, entsteint
1 EL Kakaopulver • ½ TL gemahlener Zimt
1 TL Vanilleextrakt oder Mark von ½ Vanilleschote

TOPPINGS

1 EL schwarze Sesamsamen • 1 EL Kakaonibs
1 EL geschälte Hanfsamen, gehackt • 1 EL gehackte Haselnusskerne

Datteln sind schön süß, lassen aber nicht den Blutzuckerspiegel in die Höhe schnellen. Ihre Ballaststoffe fördern die Verdauung.

 **BB** *Blutbildend* **SA** *Stimmungsaufhellend* **M** *Mineralstoffreich*

Für den Smoothie Mandelmilch, Tahin, Banane, Datteln, Kakao, Zimt und Vanille in einem Standmixer cremig pürieren. In ein Schälchen füllen und mit Sesam, Kakaonibs, Hanfsamen und Nüssen bestreuen.

ERDBEERPOWER

Für 1 Person – Zubereitung: 10 Minuten

SMOOTHIE

1 Handvoll junger Blattspinat
225 g tiefgefrorene Erdbeeren • ½ tiefgefrorene Banane,
in Scheiben geschnitten • 2 EL Mandelmus • 1 EL Ahornsirup

TOPPINGS

3 Erdbeeren, in Scheiben geschnitten
½ Banane, geschält und in Scheiben geschnitten
1 EL Buchweizen-Granola (s. S. 11) • 1 TL Chiasamen • 1 EL Kürbiskerne

Kürbiskerne enthalten viele wertvolle Mineralstoffe. Dazu gehören auch
Phosphor, Magnesium, Mangan, Eisen und Kupfer.

EH *Entzündungshemmend*   **P** *Proteinreich*   **M** *Mineralstoffreich*

Für den Smoothie Spinat, Früchte, Mandelmus, Sirup und 60 ml gefiltertes
Wasser in einem Standmixer cremig pürieren. In ein Schälchen füllen und
Erdbeeren, Banane, Granola, Chia und Kürbiskerne darauf anrichten.

KURKUMA-KICK

Für 2–3 Personen – Zubereitung: 10 Minuten

SMOOTHIE

225 ml ungesüßte Mandelmilch • 3 Handvoll junger Blattspinat
2 tiefgefrorene Bananen, in Scheiben geschnitten
3 Medjool-Datteln, entsteint • ¼ reife Avocado
2 EL frisch geriebene Kurkuma

TOPPINGS

1 Orange, geschält und in dünne Scheiben geschnitten • 1 EL Mandelmus
1 EL Kokosraspel • 3 EL Kokos-Granola (s. S. 11)
2 EL geschrotete Leinsamen

Kurkuma enthält den Wirkstoff Curcumin. Er besitzt schmerzlindernde und entzündungshemmende Eigenschaften.

P *Proteinreich* **FV** *Fördert die Verdauung* **H** *Gut für die Haut*

Für den Smoothie alle Zutaten in einem Standmixer cremig pürieren. In Schälchen füllen und die Toppings darauf anrichten.

GRÜNE MANGO-BOWL

Für 1 Person – Zubereitung: 10 Minuten

SMOOTHIE

230 ml ungesüßte Pflanzenmilch (Nuss, Reis, Soja oder Hafer)
½ Avocado • 1 Handvoll junger Grünkohl • 2 Handvoll junger Blattspinat
2 EL Proteinpulver • ½ TL Spirulina-Pulver
80 g tiefgefrorene Mangostücke • 2–3 Eiswürfel

TOPPINGS

½ Mango, geschält und in kleine Würfel geschnitten
1 Kiwi, geschält, geviertelt und in Scheiben geschnitten
1 EL gehackte Datteln • 1 EL Kokoschips, geröstet
1 EL gehackte Mandeln

Spinat punktet mit seiner reinigenden Wirkung. Davon profitieren Leber,
Gallenblase und Verdauungssystem.

P *Proteinreich*   **H** *Gut für die Haut*   **M** *Mineralstoffreich*

Für den Smoothie Pflanzenmilch, Avocado, Kohl, Spinat, Protein- und
Spirulinapulver, Mango und Eiswürfel in einem Standmixer cremig pürieren.
In ein Schälchen füllen und Früchte, Datteln, Kokoschips und
Mandeln darauf anrichten.

VITAMINE & MINERALSTOFFE

Sie möchten gerne eine Extraportion buntes Obst und Gemüse mit wertvollen Vitaminen und Mineralstoffen tanken? Dann sind Sie hier genau richtig. Diese köstlichen Smoothie Bowls versorgen Sie Löffel für Löffel mit Gesundheit.

Rote-Bete-Kaltschale • Mango-Matcha-Bowl
Beerenkuss • Acai-Papaya-Bowl • Lavendelblau
Beeren-Buchweizen-Bowl • Hafer-Granatapfel
Nussiger Kefir-Cup • Kokos Delight • Mango Tropical
Grüne Banane • Heidelbeere-Pfirsich • Flotte Biene
Erdbeertraum • Himbeer-Kokos-Becher
Grüne Vitaminbombe • Fruchtige Hafer-Bowl
Sommermango

ROTE-BETE-KALTSCHALE

Für 1 Person – Zubereitung: 10 Minuten

SMOOTHIE

230 ml ungesüßte Mandelmilch
1 tiefgefrorene Banane, in Scheiben geschnitten
2–3 mittelgroße Rote Bete, geschält und grob gehackt
170 g tiefgefrorene Mangostücke • 2 Medjool-Datteln, entsteint

TOPPINGS

2 EL Sesam-Quinoa-Granola (s. S. 11)
2 EL geschälte Hanfsamen • 1 EL Kokosraspel
½ Kiwi, geschält und in Scheiben geschnitten • 1 EL Himbeeren

Rote Bete enthalten Eisen in einer Form, die der menschliche
Körper besonders gut aufnehmen kann.

 **BB** *Blutbildend* **FV** *Fördert die Verdauung* **G** *Regt die Gehirntätigkeit an*

Für den Smoothie Mandelmilch, Banane, Rote Bete, Mango und Datteln
in einem Standmixer cremig pürieren. In ein Schälchen füllen und Granola,
Hanfsamen, Kokosraspel und Früchte darauf anrichten.

MANGO-MATCHA-BOWL

Für 2 Personen – Zubereitung: 10 Minuten, plus 10–15 Minuten Quellen

SMOOTHIE

75 g kernige Haferflocken • 230 ml ungesüßte Mandelmilch
170 g tiefgefrorene Mangostücke
½ reife Avocado, geschält • 1 Handvoll junger Blattspinat
1 EL Mandelmus • ½ TL Matchapulver (Grünteepulver)
1 Stück Ingwer (2,5 cm), geschält und grob gehackt • 2 TL Chiasamen

TOPPINGS

2 EL Himbeeren • 1 Kiwi, geschält und in Scheiben geschnitten
½ Mango, geschält und klein gewürfelt
2 EL Kokos-Granola (s. S. 11) • 2 EL Kokoschips, geröstet

Avocados punkten mit wertvollen pflanzlichen Fetten. Außerdem enthalten
sie auch entzündungshemmende Karotinoide.

EH *Entzündungshemmend*   **P** *Proteinreich*   **H** *Gut für die Haut*

Für den Smoothie die Haferflocken 10–15 Minuten in der Mandelmilch
quellen lassen. Danach mit den restlichen Zutaten im Standmixer
cremig pürieren. In zwei Schälchen füllen und Früchte,
Granola und Kokoschips darauf anrichten.

BEERENKUSS

Für 1 Person – Zubereitung: 10 Minuten

SMOOTHIE

125 ml ungesüßte Mandelmilch • 125 g tiefgefrorene Beerenmischung
1 tiefgefrorene Banane, in Scheiben geschnitten
1 TL geschälte Hanfsamen • 1 EL Chiasamen

TOPPINGS

½ Banane, in Scheiben geschnitten
2 EL Granatapfelkerne • 5 Himbeeren • 5 Brombeeren
1 EL Kokosraspel, geröstet • 1 EL Kürbiskerne

Hanfsamen sind reich an Vitaminen und Antioxidantien.

H *Gut für die Haut*   **FV** *Fördert die Verdauung*   **P** *Proteinreich*

Für den Smoothie Mandelmilch, Beeren, Banane, Hanf- und Chiasamen in
einem Standmixer cremig pürieren. In ein Schälchen füllen und
Banane, Granatapfelkerne, Beeren, Kokosraspel und
Kürbiskerne darauf anrichten.

ACAI-PAPAYA-BOWL

Für 2 Personen – Zubereitung: 10 Minuten

SMOOTHIE

170 g Papaya, gewürfelt • 2 EL Kokossahne
1 EL Chiasamen • 1 EL Acaipulver • 1 EL Mandelmus
1 tiefgefrorene Banane, in Scheiben geschnitten

TOPPINGS

4 EL Kokos-Granola (s. S. 11)
2 TL geschälte Hanfsamen • 2 TL Kürbiskerne
1 Handvoll Himbeeren

Acai-Beeren versorgen den Körper mit reichlich Kalzium, Eisen
und wertvollen Aminosäuren.

SI *Stärkt das Immunsystem* **FV** *Fördert die Verdauung* **E** *Spendet Energie*

Für den Smoothie Papaya, Kokossahne, Chia, Acaipulver, Mandelmus, Banane
und 150 ml gefiltertes Wasser in einem Standmixer cremig pürieren.
In zwei Schälchen füllen und Granola, Hanfsamen, Kürbiskerne
und Himbeeren darauf anrichten.

LAVENDELBLAU

Für 1 Person – Zubereitung: 10 Minuten

SMOOTHIE

180 ml ungesüßte Mandelmilch • 85 g tiefgefrorene Heidelbeeren
1 tiefgefrorene Banane, in Scheiben geschnitten
2 EL Hanf-Proteinpulver • 1 Prise gemahlene Kurkuma
1 Prise Bio-Lavendelblüten
1 Stück Ingwer (1 cm), geschält und grob geraspelt • 1 EL Kokosnussmus

TOPPINGS

1 EL Heidelbeeren, halbiert • 1 TL Bienenpollen • 1 Prise Bio-Lavendelblüten
1 EL Kokosraspel, geröstet • 1 TL Chiasamen

Lavendel wirkt beruhigend bei Anspannung, Nervosität und Depressionen.
Er lindert auch Übelkeit und Verstimmungen des Verdauungssystems.

SI *Stärkt das Immunsystem* **FV** *Fördert die Verdauung* **P** *Proteinreich*

Für den Smoothie Mandelmilch, Früchte, Proteinpulver, Kurkuma,
Lavendel, Ingwer und Kokosnussmus in einem Standmixer cremig pürieren.
In ein Schälchen füllen und Beeren, Pollen, Lavendel, Kokosraspel
und Chiasamen darauf anrichten.

BEEREN-BUCHWEIZEN-BOWL

Für 2 Personen – Zubereitung: 10 Minuten

SMOOTHIE

290 ml ungesüßte Pflanzenmilch (Nuss, Reis, Soja oder Hafer)
160 g tiefgefrorene Heidelbeeren • 150 g tiefgefrorene Ananasstücke
1 tiefgefrorene Banane, in Scheiben geschnitten
1 Handvoll junger Blattspinat • 2 EL Chiasamen • 1 EL geschrotete Leinsamen

TOPPINGS

1 EL Buchweizen-Granola (s. S. 11) • 1 EL gehackte Mandeln
2 EL Heidelbeeren • 2 EL Himbeeren • 1 EL Kakaonibs

Buchweizen enthält Magnesium. Dieses Mineral entspannt die Blutgefäße, verbessert die Durchblutung, senkt den Blutdruck und verbessert die Nährstoffversorgung.

EH *Entzündungshemmend*　**FV** *Fördert die Verdauung*　**SH** *Stärkt das Herz*

Für den Smoothie Pflanzenmilch, Früchte, Spinat, Chia- und Leinsamen in einem Standmixer cremig pürieren. In zwei Schälchen füllen und Granola, Mandeln, Beeren und Kakaonibs darauf anrichten.

HAFER-GRANATAPFEL

Für 1 Person – Zubereitung: 10 Minuten

SMOOTHIE

250 ml Reismilch • 4 EL Haferflocken
2 EL Heidelbeeren • 1 EL Granatapfelkerne • 2 EL Acaipulver

TOPPINGS

1 EL getrocknete Maulbeeren • 1 EL Granatapfelkerne
1 EL geschälte Hanfsamen
1 EL Heidelbeeren • 1 EL Himbeeren

Granatapfelkerne sind kalorienarm, aber reich an Ballaststoffen und Vitaminen. Mit ihren Pflanzenwirkstoffen erhalten sie das Herz gesund.

 *Entzündungshemmend* **SH** *Stärkt das Herz* **P** *Proteinreich*

Für den Smoothie Reismilch, Haferflocken, Beeren, Granatapfelkerne und Acaipulver in einem Standmixer cremig pürieren. In ein Schälchen füllen und Maulbeeren, Granatapfelkerne, Hanfsamen und Beeren darauf anrichten.

NUSSIGER KEFIR-CUP

Für 1 Person – Zubereitung: 10 Minuten

SMOOTHIE

225 ml Kefir • 3 EL Cashewmus
2 tiefgefrorene Bananen, in Scheiben geschnitten

TOPPINGS

1 EL gehackte Cashewkerne • 1 EL Bienenpollen
1 EL Kokosraspel • 1 EL Chiasamen
1 TL Himbeeren • 1 Banane, in Scheiben geschnitten

Kefir punktet besonders mit seinen probiotischen Inhaltsstoffen.
Sie halten die Darmflora gesund.

 **P** *Proteinreich* **FV** *Fördert die Verdauung* **H** *Gut für die Haut*

Für den Smoothie Kefir, Cashewmus und Bananen in einem Standmixer
cremig pürieren. In ein Schälchen füllen und Cashews, Bienenpollen,
Kokosraspel, Chia und Früchte darauf anrichten.

KOKOS DELIGHT

Für 1 Person – Zubereitung: 10 Minuten

SMOOTHIE

230 ml ungesüßte Kokosmilch • 1 Handvoll junger Blattspinat
150 g tiefgefrorene Brombeeren
1 tiefgefrorene Banane, in Scheiben geschnitten

TOPPINGS

1 EL Brombeeren • ½ Banane, in Scheiben geschnitten
1 TL Kürbiskerne • 2 TL Chiasamen
1 EL Kokoschips, geröstet

Kokosnüsse sind enorm nährstoffreich. Neben Ballaststoffen enthalten sie auch die Vitamine B1, B2, B5, B6, C und E.

 *Regt die Gehirntätigkeit an* *Fördert die Verdauung* *Stärkt das Herz*

Für den Smoothie Kokosmilch, Spinat und Früchte in einem Standmixer cremig pürieren. In ein Schälchen füllen und Beeren, Banane, Kürbiskerne, Chiasamen und Kokoschips darauf anrichten.

MANGO TROPICAL

Für 2 Personen – Zubereitung: 10 Minuten, plus 10 Minuten Quellen (nach Belieben)

SMOOTHIE

85 g Haferflocken • 180 ml ungesüßte Mandelmilch
180 g Joghurt • 150 g tiefgefrorene Mangostücke • 2 EL Chiasamen
1 TL Vanilleextrakt oder Mark von ½ Vanilleschote

TOPPINGS

½ Mango, geschält und in kleine Würfel geschnitten
2 EL Kokosraspel, geröstet • 1 EL gehackte Mandeln
1 TL Bienenpollen • 1 TL Chiasamen
1 TL gemahlener Zimt

Mangos sind reich an Betakarotin. Ihr Betakarotingehalt steigt an,
je reifer die Tropenfrüchte sind.

 **BB** *Blutbildend* **FV** *Fördert die Verdauung* **SE** *Spendet Energie*

Für den Smoothie nach Belieben die Haferflocken 10 Minuten in der
Mandelmilch quellen lassen. Danach mit den restlichen Zutaten in einem
Standmixer cremig pürieren. In zwei Schälchen füllen und Mango, Kokos-
raspel, Mandeln, Pollen und Chia darauf anrichten. Mit Zimt bestreuen.

GRÜNE BANANE

Für 2 Personen – Zubereitung: 10 Minuten

SMOOTHIE

230 ml ungesüßte Mandelmilch
3 tiefgefrorene Bananen, in Scheiben geschnitten
3 Handvoll junger Blattspinat • ¼ Avocado • 3 Medjool-Datteln, entsteint
1 EL frisch geriebene Kurkuma

TOPPINGS

½ Avocado, geschält und in Scheiben geschnitten
1 EL Granatapfelkerne • 2 EL Buchweizen-Granola (s. S. 11)
1 EL Kokosraspel, geröstet • 1 EL geschrotete Leinsamen

Bananen enthalten viel Kalium. Das Mineral lässt Muskeln und Nerven reibungslos funktionieren und reguliert den Flüssigkeitshaushalt.

P *Proteinreich* **FV** *Fördert die Verdauung* **H** *Gut für die Haut*

Für den Smoothie Mandelmilch, Bananen, Spinat, Avocado, Datteln und Kurkuma in einem Standmixer cremig pürieren. In zwei Schälchen füllen und Avocado, Granatapfelkerne und Granola darauf anrichten. Mit Kokosraspeln und Leinsamen bestreuen.

HEIDELBEERE-PFIRSICH

Für 1 Person – Zubereitung: 10 Minuten

SMOOTHIE

120 ml ungesüßtes Kokoswasser
375 g tiefgefrorene Pfirsichstücke • 170 g tiefgefrorene Heidelbeeren
1 tiefgefrorene Banane, in Scheiben geschnitten

TOPPINGS

½ Pfirsich, gehäutet, entsteint und in dünne Spalten geschnitten
1 EL Heidelbeeren • 60 g Walnusskerne, gehackt
2 EL geschälte Hanfsamen • 2 EL getrocknete Maulbeeren
Honig zum Beträufeln (nach Belieben)

Maulbeeren sind reich an Vitaminen und Eisen. Dieses Spurenelement sorgt für eine gute Sauerstoffversorgung des Körpergewebes.

EH *Entzündungshemmend*   **P** *Proteinreich*   **SK** *Stärkt die Knochen*

Für den Smoothie Kokoswasser und Früchte in einem Standmixer cremig pürieren. In ein Schälchen füllen und Früchte, Nüsse, Hanfsamen und Maulbeeren darauf anrichten. Nach Belieben mit Honig beträufeln.

FLOTTE BIENE

Für 1 Person – Zubereitung: 10 Minuten

SMOOTHIE

120 ml ungesüßte fettarme Kokosmilch • Saft von ½ Limette
1 tiefgefrorene Banane, in Scheiben geschnitten
150 g tiefgefrorene Ananasstücke

TOPPINGS

60 g Kokos-Granola (s. S. 11)
1 EL geschälte Hanfsamen • 1 EL Bienenpollen
1 EL Himbeeren • 1 EL Brombeeren

Ananas ist reich an Vitamin C. Ihr Saft ist ein bewährtes Mittel gegen Darmträgheit und Verstopfung.

SK *Stärkt die Knochen*   **SI** *Stärkt das Immunsystem*   **H** *Gut für die Haut*

Für den Smoothie Kokosmilch, Limettensaft und Früchte in einem Standmixer cremig pürieren. In ein Schälchen füllen und Granola, Hanfsamen, Pollen und Beeren darauf anrichten.

ERDBEERTRAUM

Für 2 Personen – Zubereitung: 10 Minuten

SMOOTHIE

90 ml ungesüßte Pflanzenmilch (Nuss, Soja, Reis oder Hafer)
90 g Joghurt • 150 g tiefgefrorene Erdbeeren
1 tiefgefrorene Banane, in Scheiben geschnitten
1 TL Honig • 2 EL Chiasamen

TOPPINGS

6 Erdbeeren, in Scheiben geschnitten
1 Banane, in Scheiben geschnitten • 1 EL gehackte Mandeln

Erdbeeren enthalten Betakarotin, Mangan und Vitamin C. Sie stärken die Abwehrkraft des Körpers gegen Infektionen und Erkältungen. Und sie können Krebs und Herzkrankheiten vorbeugen.

SE *Spendet Energie* **FV** *Fördert die Verdauung* **H** *Gut für die Haut*

Für den Smoothie Pflanzenmilch, Joghurt, Früchte, Honig und Chia in einem Standmixer cremig pürieren. In zwei Schälchen füllen und Erdbeeren, Banane und Mandeln darauf anrichten.

HIMBEER-KOKOS-BECHER

Für 1 Person – Zubereitung: 10 Minuten

SMOOTHIE

250 ml ungesüßtes Kokoswasser
150 g tiefgefrorene Himbeeren • 150 g tiefgefrorene Mangostücke
1–2 Eiswürfel

TOPPINGS

2 EL Kokos-Granola (s. S. 11) • 1 EL Kürbiskerne
1 EL Sonnenblumenkerne • 1 EL Chiasamen • 1 EL Honig

Himbeeren besitzen eine reinigende Wirkung. Wegen ihrer adstringierenden Eigenschaften sind sie besonders wirksam bei Magen- und Darmbeschwerden und bei gereiztem Zahnfleisch.

P *Proteinreich*   **FV** *Fördert die Verdauung*   **EH** *Entzündungshemmend*

Für den Smoothie Kokoswasser, Früchte und Eiswürfel in einem Standmixer cremig pürieren. Abwechselnd mit Granola und Kernen in ein Glas schichten. Mit Chiasamen bestreuen und mit Honig beträufeln.

GRÜNE VITAMINBOMBE

Für 1 Person – Zubereitung: 10 Minuten

SMOOTHIE

60 ml ungesüßtes Kokoswasser • Saft von ½ Zitrone
1 Römersalat, grob gehackt • 1 Handvoll junger Grünkohl
1 große Stange Staudensellerie, grob gehackt • ½ Salatgurke, gehackt
1 EL Koriandergrün • ½ Apfel, entkernt und gehackt
1 tiefgefrorene Banane, in Scheiben geschnitten • 1 Handvoll Eiswürfel

TOPPINGS

½ Banane, in Scheiben geschnitten • 1 EL entsteinte und gehackte Datteln
1 EL Buchweizen-Granola (s. S. 11) • 1 EL gehackte Mandeln
1 Prise gemahlene Kurkuma

Grünkohl ist reich an Kalzium, Vitaminen und Mineralstoffen wie Schwefel.
Sie halten Haut und Haare gesund und in Form.

 *Stärkt die Knochen* **P** *Proteinreich* **EH** *Entzündungshemmend*

Für den Smoothie Kokoswasser, Zitronensaft, Salat, Gemüse, Koriander,
Früchte und Eiswürfel in einem Standmixer cremig pürieren. In ein Schälchen
füllen und Banane, Datteln, Granola und Mandeln darauf anrichten.
Mit Kurkuma bestreut servieren.

FRUCHTIGE HAFER-BOWL

Für 1 Person – Zubereitung: 10 Minuten

SMOOTHIE

120 ml ungesüßte Mandelmilch • 150 g tiefgefrorene Ananasstücke
1 tiefgefrorene Banane, in Scheiben geschnitten
150 g tiefgefrorene Pfirsichstücke
60 g Haferflocken • 1 Stück Ingwer (1 cm), geschält • 120 g Joghurt

TOPPINGS

½ Pfirsich, in dünne Spalten geschnitten • 1 EL Heidelbeeren
1 EL Kokosraspel, geröstet • 2 EL Sonnenblumenkerne
1 TL Chiasamen

Pfirsiche sind reich an Betakarotin, Vitaminen und Mineralstoffen. Ihr Saft wirkt alkalisierend und reinigt den Verdauungstrakt.

G *Regt die Gehirntätigkeit an*   **P** *Proteinreich*   **BB** *Blutbildend*

Für den Smoothie Mandelmilch, Früchte, Haferflocken, Ingwer und Joghurt in einem Standmixer cremig pürieren. In ein Schälchen füllen und Früchte, Kokosraspel, Kerne und Chiasamen darauf anrichten.

Für 1 Person – Zubereitung: 10 Minuten

SMOOTHIE

150 g tiefgefrorene Mangostücke
2 tiefgefrorene Bananen, in Scheiben geschnitten
2 EL Joghurt • 1 EL Erdnussmus • 2 Medjool-Datteln, entsteint
1 Stück Ingwer (2,5 cm), geschält und gehackt

TOPPINGS

1 EL Chiasamen • 1 EL Kokosraspel, geröstet
1 EL Heidelbeeren • 1 Feige, in Scheiben geschnitten

Ingwer wirkt schleimlösend und lindert die Beschwerden bei Grippe und anderen Erkältungskrankheiten.

 **BB** *Blutbildend* **FV** *Fördert die Verdauung* **H** *Gut für die Haut*

Für den Smoothie Früchte, Joghurt, Erdnussmus, Datteln, Ingwer und 100 ml gefiltertes Wasser in einem Standmixer cremig pürieren. In ein Schälchen füllen und Chiasamen, Kokosraspel, Beeren und Feige darauf anrichten.

PROTEIN-BOOSTER

Die Smoothie Bowls auf den folgenden Seiten sind besonders reich an Proteinen. Und sie halten sehr lange satt. So kommt zwischen den Mahlzeiten garantiert kein Heißhunger auf!

Buchweizen-Bowl • Avocado-Limette
Rote-Bete-Bowl mit Beeren • Feiner Mandel-Kakao
Beeren-Baobab • Kakao-Vanille-Schale • Coco-Kirsch-Cup
Heidelbeer-Mandel-Becher • Avocado-Leinsamen
Protein-Chai • Bunte Cashew-Bow • Schoko-Beeren
Fruchtzauber mit Chia • Nuss-Hanf-Bowl • Kokos-Hafer
Pink Maca • Beerige Vanille • Erdnuss-Schoko
Lila Protein-Bowl • Grüne Pistazie

BUCHWEIZEN-BOWL

Für 2 Personen – Zubereitung: 10 Minuten, plus über Nacht Quellen

SMOOTHIE

170 g Buchweizenflocken • 120 ml ungesüßte Mandelmilch
340 g Heidelbeeren • 1 tiefgefrorene Banane, in Scheiben geschnitten
2 EL Ahornsirup • Saft von ½ Zitrone

TOPPINGS

1 Kiwi, geschält und in Scheiben geschnitten
3 Erdbeeren, in Scheiben geschnitten • 1 EL Heidelbeeren
1 EL gehackte Mandeln • 1 EL Buchweizen-Granola (s. S. 11)

Buchweizen zählt zu den Pseudogetreiden. Die Samen sind glutenfrei, haben aber einen hohen Ballaststoffgehalt und halten die Verdauung auf Trab.

 **V** *Vitaminreich* **SK** *Stärkt die Knochen* **M** *Mineralstoffreich*

Für den Smoothie den Buchweizen über Nacht in Wasser quellen lassen. Danach mit Mandelmilch, Beeren, Banane, Sirup und Zitronensaft im Standmixer cremig pürieren. In zwei Schälchen füllen und Früchte, Mandeln und Granola darauf anrichten.

119

AVOCADO-LIMETTE

Für 1 Person – Zubereitung: 5 Minuten

SMOOTHIE

150 ml ungesüßte Mandelmilch • 50 g Cashewkerne
1 Avocado, entsteint und geschält • Saft von 1 Limette
20 g Hanf-Proteinpulver • 1 TL Kokosnussmus • 1 Handvoll Eiswürfel

TOPPINGS

5 grüne kernlose Weintrauben, in Scheiben geschnitten
1 EL Cashewmus • 1 EL geschälte Hanfsamen
1 EL Kokos-Granola (s. S. 11) • 1 EL Kokosraspel, geröstet

Avocados versorgen den Körper mit Vitamin E, Eisen und Kalium.

H *Gut für die Haut* **V** *Vitaminreich* **SI** *Stärkt das Immunsystem*

Für den Smoothie Mandelmilch, Cashewkerne, Avocado, Limettensaft, Proteinpulver, Kokosnussmus und Eiswürfel in einem Standmixer cremig pürieren. In ein Schälchen füllen und Trauben, Cashewmus, Hanfsamen, Granola und Kokosraspel darauf anrichten.

ROTE-BETE-BOWL MIT BEEREN

Für 1 Person – Zubereitung: 10 Minuten

SMOOTHIE

180 ml ungesüßte Pflanzenmilch (Nuss, Reis, Soja oder Hafer)
80 g tiefgefrorene Heidelbeeren • 75 g tiefgefrorene Himbeeren
¼ Avocado • 1 Handvoll junger Blattspinat
1 kleine Rote Bete, geschält und gewürfelt • 2 Medjool-Datteln, entsteint
1 EL Chiasamen • ½ TL gemahlener Zimt
1 TL Vanilleextrakt oder Mark von ½ Vanilleschote

TOPPINGS

1 EL Kokosraspel, geröstet • 1 EL gehackte Pekannusskerne
1 EL Heidelbeeren • 1 EL Himbeeren • 3 Erdbeeren, in Scheiben geschnitten

Rote Bete sind sehr nährstoffreich. Ihr Saft unterstützt die Funktion von Gallenblase, Nieren und Leber.

EH *Entzündungshemmend*　**V** *Vitaminreich*　**SE** *Spendet Energie*

Für den Smoothie Pflanzenmilch, Beeren, Avocado, Spinat, Rote Bete, Datteln, Chia, Zimt und Vanille in einem Standmixer cremig pürieren. In ein Schälchen füllen und Kokosraspel, Nüsse und Beeren darauf anrichten.

FEINER MANDEL-KAKAO

Für 1 Person – Zubereitung: 10 Minuten

SMOOTHIE

230 ml ungesüßte Mandelmilch
2 tiefgefrorene Bananen, in Scheiben geschnitten
1 EL Kakaopulver • 2 EL Mandelmus

TOPPINGS

1 EL Chiasamen • 1 EL geschälte Hanfsamen • 1 EL gehackte Mandeln
1 EL Mandelmus • 1 Banane, in Scheiben geschnitten

Mandeln enthalten L-Carnitin und Riboflavin. Beide Stoffe regen
nachweislich die Gehirntätigkeit an.

H *Gut für die Haut*   **SI** *Stärkt das Immunsystem*   **G** *Regt die Gehirntätigkeit an*

Für den Smoothie Mandelmilch, Bananen, Kakao und Mandelmus in einem
Standmixer cremig pürieren. In ein Schälchen füllen und Samen,
Mandeln, Mandelmus und Banane darauf anrichten.

BEEREN-BAOBAB

Für 1 Person – Zubereitung: 10 Minuten

SMOOTHIE

230 ml ungesüßte Pflanzenmilch (Nuss, Reis, Soja oder Hafer)
250 g Cantaloupe-Melone, gewürfelt • 75 g tiefgefrorene Himbeeren
2 EL Proteinpulver Vanille • 1 TL Baobab-Pulver
2 EL Mandelmus • 1 Handvoll Eiswürfel

TOPPINGS

1 EL Heidelbeeren, halbiert • 1 EL Himbeeren, halbiert
1 EL Kakaonibs • 1 EL Kokosraspel, geröstet
1 EL Kokos-Granola (s. S. 11)

Baobab, die Frucht des Affenbrotbaums, versorgt den Körper mit Vitamin B6,
Vitamin C, Kalzium, Kalium, Thiamin und Ballaststoffen.

EH *Entzündungshemmend*   **FV** *Fördert die Verdauung*   **V** *Vitaminreich*

Für den Smoothie Pflanzenmilch, Früchte, Proteinpulver, Baobab-Pulver,
Mandelmus und Eiswürfel in einem Standmixer cremig pürieren.
In ein Schälchen füllen und Beeren, Kakaonibs, Kokosraspel
und Granola darauf anrichten.

KAKAO-VANILLE-SCHALE

Für 2 Personen – Zubereitung: 10 Minuten

SMOOTHIE

300 ml ungesüßte Mandelmilch
2 Handvoll junger Blattspinat • 170 g tiefgefrorene Heidelbeeren
60 g Naturreis-Proteinpulver Vanille • 1 EL Kakaopulver
1 EL geschälte Hanfsamen • 2 Medjool-Datteln, entsteint
einige Tropfen Vanilleextrakt oder 1 Msp. Vanillemark

TOPPINGS

1 EL Kokosraspel • 2 EL Kakaonibs
2 EL Heidelbeeren • 2 EL Gojibeeren
2 EL Buchweizen-Granola (s. S. 11)

Kakao enthält wertvolle Mineralstoffe, Vitamine, Proteine, Ballaststoffe und Ölsäure. Diese essenzielle Fettsäure unterstützt die Herzgesundheit.

V *Vitaminreich* **BB** *Blutbildend* **M** *Mineralstoffreich*

Für den Smoothie Mandelmilch, Spinat, Beeren, Proteinpulver, Kakao, Hanfsamen, Datteln und Vanille in einem Standmixer cremig pürieren. In zwei Schälchen füllen und Kokosraspel, Kakaonibs, Beeren und Granola darauf anrichten.

COCO-KIRSCH-CUP

Für 1 Person – Zubereitung: 10 Minuten

SMOOTHIE

180 ml ungesüßtes Kokoswasser
170 g tiefgefrorene Kirschen • 170 g tiefgefrorene Heidelbeeren
1 tiefgefrorene Banane, in Scheiben geschnitten
60 g Proteinpulver Vanille • 2 EL frisches Kokosnussfleisch, gewürfelt

TOPPINGS

2 EL Himbeeren • 1 EL gefriergetrocknete Himbeeren
1 EL Kokoschips, geröstet • 1 EL Cashewmus
1 EL kleine Minzeblätter

Kokoswasser liefert etwa 10 Prozent der täglich benötigten Kaliummenge. Gleichzeitig reguliert es den Flüssigkeitsverlust nach dem Sport.

 *Entzündungshemmend* *Vitaminreich* *Stärkt das Immunsystem*

Für den Smoothie Kokoswasser, Früchte, Proteinpulver und Kokosnuss in einem Standmixer cremig pürieren. In ein Schälchen füllen und Beeren, Kokoschips und Cashewmus darauf anrichten. Mit Minze bestreuen.

HEIDELBEER-MANDEL-BECHER

Für 1 Person – Zubereitung: 10 Minuten

SMOOTHIE

230 ml ungesüßte Mandelmilch • 135 g tiefgefrorene Heidelbeeren
½ tiefgefrorene Banane, in Scheiben geschnitten • 1 EL Mandelmus
1 TL frisch geriebener Ingwer • 1 Prise gemahlener Zimt

TOPPINGS

1 EL Heidelbeeren • 1 EL Chiasamen
1 EL Sesam-Quinoa-Granola (s. S. 11)
1 TL Kokoschips • 1 EL gehackte Mandeln

Heidelbeeren enthalten viel Vitamin C, das die Bildung von Kollagen fördert.
Dieses Protein wiederum hält Haut und Blutgefäße gesund.

SK *Stärkt die Knochen*   **FV** *Fördert die Verdauung*   **H** *Gut für die Haut*

Für den Smoothie Mandelmilch, Früchte, Mandelmus, Ingwer und Zimt in
einem Standmixer cremig pürieren. Abwechselnd mit Heidelbeeren, Chia,
Granola und der Hälfte von Kokoschips und Mandeln in ein Glas schichten.
Mit den restlichen Kokoschips und Mandeln bestreuen.

AVOCADO-LEINSAMEN

Für 2 Personen – Zubereitung: 10 Minuten

SMOOTHIE

350 ml ungesüßte Mandelmilch • 3 Handvoll junger Blattspinat
2 tiefgefrorene Bananen, in Scheiben geschnitten
160 g tiefgefrorene Beerenmischung • ¼ reife Avocado
1 EL geschrotete Leinsamen • 1 EL Mandelmus

TOPPINGS

2 EL Kokosraspel, geröstet • 1 EL Sonnenblumenkerne
2 EL gehackte Pekannusskerne, geröstet • 2 EL frische Beeren
1 EL Sesam-Quinoa-Granola (s. S. 11)

Leinsamen enthält wertvolle Omega-3-Fettsäuren. Diese essenziellen
Fettsäuren erhalten das Herz gesund.

V *Vitaminreich*   **SE** *Spendet Energie*   **H** *Gut für die Haut*

Für den Smoothie Mandelmilch, Spinat, Früchte, Avocado, Leinsamen und
Mandelmus in einem Standmixer cremig pürieren. In zwei Schälchen
füllen und Kokosraspel, Sonnenblumenkerne, Nüsse, Beeren
und Granola darauf anrichten.

PROTEIN-CHAI

Für 1–2 Personen – Zubereitung: 5 Minuten, plus 5 Minuten Ziehen

SMOOTHIE

2 Teebeutel Chai-Tee • 1 TL gemahlene Kurkuma
½ TL gemahlener Zimt • 450 ml ungesüßte Mandelmilch
4 EL Proteinpulver Vanille • 2 EL Chiasamen
1 EL Honig • 1 EL Mandelmus
2 tiefgefrorene Bananen, in Scheiben geschnitten • 8 Eiswürfel

TOPPINGS

1 Banane, in Scheiben geschnitten
1 EL geschälte Hanfsamen • 1 EL Chiasamen
1 EL gehackte Mandeln • 1 Prise gemahlener Zimt

Zimt trägt zur Regulierung des Blutzuckerspiegels bei. Zusätzlich beugt das Gewürz auch Heißhunger auf Süßigkeiten vor.

BB *Blutbildend*   **FV** *Fördert die Verdauung*   **V** *Vitaminreich*

Für den Smoothie Teebeutel, Kurkuma und Zimt 5 Minuten in etwas heißer Mandelmilch ziehen lassen. Herausnehmen und den Chai mit den restlichen Zutaten in einem Standmixer cremig pürieren. In Schälchen füllen und Banane, Samen und Mandeln darauf anrichten. Mit Zimt bestreuen.

BUNTE CASHEW-BOWL

Für 1 Person – Zubereitung 10 Minuten

SMOOTHIE

150 ml ungesüßte Mandelmilch • Handvoll junger Blattspinat
1 tiefgefrorene Banane, in Scheiben geschnitten
¼ Avocado, geschält und entsteint • 1 TL Cashewmus
1 EL Haferflocken • 1 TL geschrotete Leinsamen

TOPPINGS

½ Mango, geschält und gehackt • 1 Kiwi, geschält und in Scheiben geschnitten
½ Orange, in Spalten geteilt • 2 EL frische oder tiefgefrorene Himbeeren
1 EL Matchapulver (Grünteepulver) • 1 EL Pistazienkerne
1 EL Bienenpollen • 1 TL Chiasamen • 1 TL gemahlene Kurkuma

Cashewkerne versorgen den Körper mit vielen Mineralstoffen, vor allem mit
Mangan, Kalium, Kupfer, Eisen, Magnesium, Zink und Selen.

 *Stärkt das Immunsystem* **FV** *Fördert die Verdauung* **H** *Gut für die Haut*

Für den Smoothie Mandelmilch, Spinat, Banane, Avocado, Cashewmus,
Haferflocken und Leinsamen in einem Standmixer cremig pürieren. In
ein Schälchen füllen und Früchte, Matchapulver, Pistazien, Pollen
und Chia darauf anrichten. Mit Kurkuma bestreut servieren.

SCHOKO-BEEREN

Für 1 Person – Zubereitung: 5 Minuten

SMOOTHIE

120 ml ungesüßte Mandelmilch
40 g Himbeeren • 40 g Brombeeren
½ tiefgefrorene Banane, in Scheiben geschnitten
4 EL Proteinpulver Schoko • 1 TL Mandelmus • 1 EL Kakaonibs

TOPPINGS

½ Banane, in Scheiben geschnitten • 1 EL Brombeeren
3 Erdbeeren, in Scheiben geschnitten • 1 TL Mandelmus
1 TL Chiasamen • 1 EL Buchweizen-Granola (s. S. 11)

Brombeeren besitzen enorm viel pflanzliches Eisen. Damit regen sie die
Neubildung der roten Blutkörperchen an.

 **V** *Vitaminreich* **SI** *Stärkt das Immunsystem* **BB** *Blutbildend*

Für den Smoothie Mandelmilch, Früchte, Proteinpulver, Mandelmus und
Kakaonibs in einem Standmixer cremig pürieren. In ein Schälchen füllen und
Früchte, Mandelmus, Chiasamen und Granola darauf anrichten.

FRUCHTZAUBER MIT CHIA

Für 1 Person – Zubereitung: 10 Minuten

SMOOTHIE

120 ml ungesüßtes Kokoswasser • 30 g Haferflocken
3 EL Chiasamen • 1 TL Spirulina-Pulver • 1 EL Macapulver
1 rote Drachenfrucht, halbiert und das Fruchtfleisch herausgelöst
1 tiefgefrorene Banane, in Scheiben geschnitten
80 g tiefgefrorene Himbeeren • 1 Kiwi, geschält

TOPPINGS

1 EL Heidelbeeren • 1 EL Himbeeren • 1 EL Gojibeeren
1 EL geschrotete Leinsamen • 1 EL Bienenpollen

Drachenfrucht enthält viel Vitamin C und wertvolle Ballaststoffe.

V *Vitaminreich*   **BB** *Blutbildend*   **SE** *Spendet Energie*

Für den Smoothie Kokoswasser, Flocken, Samen, Spirulina- und Macapulver,
Früchte und 120 ml gefiltertes Wasser in einem Standmixer cremig
pürieren. In ein Schälchen füllen und Beeren, Leinsamen und
Bienenpollen darauf anrichten.

NUSS-HANF-BOWL

Für 1–2 Personen – Zubereitung: 10 Minuten, plus 30 Minuten Quellen

SMOOTHIE

60 g Haselnüsse • 180 ml ungesüßte Haselnussmilch
2–3 tiefgefrorene Bananen, in Scheiben geschnitten
3 Medjool-Datteln, entsteint
2 EL Kakaopulver • 2 EL geschälte Hanfsamen

TOPPINGS

2 EL gehackte Haselnusskerne • 1 Banane, in Scheiben geschnitten
1 EL geschälte Hanfsamen • 1 EL Kakaonibs
1 EL Buchweizen-Granola (s. S. 11)

Hanfsamen versorgen den Körper mit Eisen, Omega-3-Fettsäuren
und vielen pflanzlichen Proteinen.

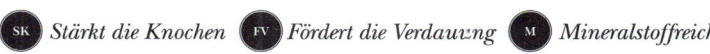 *Stärkt die Knochen* *Fördert die Verdauung* *Mineralstoffreich*

Für den Smoothie die Haselnusskerne 30 Minuten in Wasser quellen lassen.
Danach mit Haselnussmilch, Bananen, Datteln, Kakao und Hanfsamen
in einem Standmixer cremig pürieren. In Schälchen füllen und Nüsse,
Banane, Hanfsamen, Kakaonibs und Granola darauf anrichten.

KOKOS-HAFER

Für 1 Person – Zubereitung: 10 Minuten

SMOOTHIE

230 ml ungesüßtes Kokoswasser • 30 g Haferflocken • 1 EL Chiasamen
1 tiefgefrorene Banane, in Scheiben geschnitten
½ TL Vanilleextrakt oder Mark von ¼ Vanilleschote

TOPPINGS

½ Mango, geschält und gewürfelt • 1 EL gehackte Datteln
1 EL Kokosraspel, geröstet • 1 TL Kakaonibs
1 EL Sesam-Quinoa-Granola (s. S. 11)

Chiasamen sind reich an Alpha-Liponsäure. Dieses Antioxidans ist besonders wichtig für eine gesunde Hautfunktion.

V *Vitaminreich* **FV** *Fördert die Verdauung* **BB** *Blutbildend*

Für den Smoothie Kokoswasser, Haferflocken, Chiasamen, Banane und Vanille in einem Standmixer cremig pürieren. In ein Schälchen füllen und Mango, Datteln, Kokosraspel, Kakaonibs und Granola darauf anrichten.

PINK MACA

Für 1 Person – Zubereitung: 10 Minuten

SMOOTHIE

230 ml ungesüßte Pflanzenmilch (Nuss, Reis, Soja oder Hafer)
70 g tiefgefrorene Erdbeeren • 70 g tiefgefrorene Himbeeren
1 tiefgefrorene Banane, in Scheiben geschnitten
2 EL Proteinpulver Vanille • 1 TL Macapulver

TOPPINGS

2 EL Joghurt • 3 Erdbeeren, in Scheiben geschnitten
1 EL Himbeeren • 1 TL Gojibeeren
1 EL Granatapfelkerne • 1 EL geschälte Hanfsamen

Maca versorgt den Körper mit Vitamin B, C und E. Außerdem wirkt
das Pulver stimmungsaufhellend.

V *Vitaminreich*   **H** *Gut für die Haut*   **BB** *Blutbildend*

Für den Smoothie Pflanzenmilch, Früchte, Protein- und Macapulver in einem
Standmixer cremig pürieren. Abwechselnd mit Joghurt und Beeren in ein Glas
schichten. Mit Granatapfelkernen und Hanfsamen bestreuen.

BEERIGE VANILLE

Für 2 Personen – Zubereitung: 10 Minuten

SMOOTHIE

230 ml ungesüßte Mandelmilch
1 tiefgefrorene Banane • 150 g tiefgefrorene Himbeeren
4 EL Proteinpulver Vanille • 2 EL Chiasamen

TOPPINGS

2 EL Himbeeren • 2 EL Heidelbeeren
60 g Kokos-Granola (s. S. 11) • 2 EL Kakaonibs
2 EL Kokosraspel, geröstet

Himbeeren haben einen niedrigen glykämischen Index. Sie helfen, Schwankungen des Blutzuckerspiegels zu vermeiden.

 *Vitaminreich*  *Gut für die Haut*  *Mineralstoffreich*

Für den Smoothie Mandelmilch, Früchte, Proteinpulver und Chiasamen in einem Standmixer cremig pürieren. In zwei Schälchen füllen und Beeren, Granola, Kakaonibs und Kokosraspel darauf anrichten.

ERDNUSS-SCHOKO

Für 1 Person – Zubereitung: 10 Minuten

SMOOTHIE

230 ml ungesüßte Mandelmilch
1 tiefgefrorene Banane, in Scheiben geschnitten
1 EL Erdnussmus • ½ EL Kakaonibs

TOPPINGS

1 EL Kokos-Granola (s. S. 11) • ½ EL Kakaonibs
1 TL gehackte Mandeln • 1 TL Erdnussmus
1 Banane, in Scheiben geschnitten

Erdnussmus enthält wertvolle Proteine und Kalium. Dieses Mineral beugt Bluthochdruck, Schlaganfällen und Herzkrankheiten vor.

BB *Blutbildend*   **H** *Gut für die Haut*   **SI** *Stärkt das Immunsystem*

Für den Smoothie Mandelmilch, Banane, Erdnussmus, Kakaonibs und 130 ml gefiltertes Wasser in einem Standmixer cremig pürieren. In ein Schälchen füllen und Granola, Kakaonibs, Mandeln, Erdnussmus und Banane darauf anrichten.

LILA PROTEIN-BOWL

Für 1 Person – Zubereitung: 10 Minuten

SMOOTHIE

120 ml ungesüßte Mandelmilch
2 rote Drachenfrüchte, halbiert und das Fruchtfleisch herausgelöst
2 tiefgefrorene Bananen, in Scheiben geschnitten
75 g tiefgefrorene Himbeeren • 2 EL Cashewmus

TOPPINGS

1 TL Bienenpollen • 1 TL geschälte Hanfsamen
1 EL Himbeeren • 1 TL Gojibeeren • 1 TL halbierte Mandeln

Bienenpollen bestehen zu 40 Prozent aus Proteinen. Sie enthalten
verschiedene Aminosäuren, die der Körper braucht.

EH *Entzündungshemmend*   **V** *Vitaminreich*   **L** *Stärkt die Libido*

Für den Smoothie Mandelmilch, Früchte und Cashewmus in einem
Standmixer cremig pürieren. In ein Schälchen füllen und Bienenpollen,
Hanfsamen, Beeren und Mandeln darauf anrichten.

GRÜNE PISTAZIE

Für 1 Person – Zubereitung: 10 Minuten

SMOOTHIE

1 kleine Avocado, geschält und entsteint • 1 Handvoll junger Blattspinat
125 g Pistazienkerne • 2 TL Zitronensaft
4 EL Ahornsirup

TOPPINGS

1 TL geschälte Hanfsamen • 1 TL geschrotete Leinsamen
1 EL fein gehackte Pistazienkerne • 1 EL Granatapfelkerne

Pistazien enthalten neben pflanzlichen Proteinen auch viele wertvolle Mineralstoffe und gesunde Fette.

 Stärkend Gut für die Haut Stärkt das Immunsystem

Für den Smoothie Avocado, Spinat, Pistazien, Zitronensaft, Sirup und 230 ml gefiltertes Wasser in einem Standmixer cremig pürieren. In ein Schälchen füllen und Samen, Pistazien und Granatapfelkerne darauf anrichten.

REGISTER

Vielen Dank an Kathy Steer, Abi Waters, Frances Luard,
Beatrice da Costa und Michelle Tilly für ihre großartige Mitwirkung an diesem
Buch. Es hat mir großen Spaß gemacht, das Buch zu schreiben, und ich
betrachte das Frühstück nun mit ganz anderen Augen.

Für die englische Ausgabe
Autorin Fern Green
Projektleitung Catie Ziller
Projektbetreuung Kathy Steer, Abi Waters
Gestaltung und Satz Michelle Tilly
Fotos Beatriz De Costa
Food-Styling Frances Luard

Für die französische Ausgabe
Projektbetreuung Marion Pipart - La Nouvelle
Übersetzung Anne-Claire Levaux
Lektorat Céline de Quéral
Herstellung François Giradaut

Für die deutsche Ausgabe
Programmleitung Monika Schlitzer
Redaktionsleitung Caren Hummel
Projektbetreuung Sabrina Kiefer, Clara Ferschen
Herstellungsleitung Dorothee Whittaker
Herstellungskoordination Arnika Marx
Herstellung Claudia Bürgers

Titel der französischen Originalausgabe:
Green Smoothie Bowls – La Bible

© Hachette Livre (Marabout), Paris, 2016
Alle Rechte vorbehalten. The moral right
of the author has been asserted.

© der deutschsprachigen Ausgabe by Dorling
Kindersley Verlag GmbH, München, 2017
Ein Unternehmen der Penguin
Random House Group
Alle deutschsprachigen Rechte vorbehalten

Übersetzung Wiebke Krabbe
Lektorat Petra Teetz

ISBN 978-3-8310-3236-5

Druck und Bindung Toppan Leefung, China

Besuchen Sie uns im Internet
www.dorlingkindersley.de

Hinweis
Die in den Rezepten verwendeten Superfoods
und sonstigen Zutaten wurden von der Autorin
sorgfältig geprüft. Eine Garantie kann dennoch
nicht übernommen werden, da gerade pflanz-
liche Lebensmittel individuell unterschiedlich
vertragen werden. Der Verzehr erfolgt darum
auf eigenes Risiko. Die Haftung der Autorin, des
Verlags und seiner Beauftragten ist ausgeschlossen.
Bei gesundheitlichen Beschwerden ist immer der
Rat eines Arztes einzuholen.